SUR LES THÉATRES.

DISCOURS lu à la Séance du LYCÉE *DES* ARTS*, du 9 Pluviose, an 6.*

UN de ces phénomènes destinés à diviser les siècles, vient de marquer dans la nature une époque nouvelle. L'air étoit obscurci de vapeurs pestilentielles : pour les dissiper, une tempête épouvantable s'est élevée ; mais elle a désolé l'univers avant de le régénérer. La foudre a frappé les plus hautes montagnes ; le souffle de la liberté, ce vent si doux lorsqu'il règne sans obstacle, mais si furieux au moment où il brise ses fers, a précipité de leurs sommets dans les vallons et dans des gouffres leurs trop orgueilleux habitans.

Le Parnasse même n'a point été à l'abri de ses ravages. On a vu les neuf Muses éplorées, fugitives, abandonner ses riantes esplanades, et en descendre avec terreur. La chaîne de fleurs qui les unissoit a été rompue. Poursuivies par le Vandalisme, on les a vues dispersées, errantes dans les forêts, chercher dans les antres les plus solitaires, un asyle que souvent elles n'y trouvoient pas.

Mais la Sagesse, la Victoire et la Paix ont chassé au loin tous les nuages. Le ciel a repris une couleur plus sereine. Le calme s'est rétabli parmi les Dieux et les hommes : on n'entend plus qu'un sourd murmure que les orages violents laissent encore long-tems après eux. La plupart des divines Sœurs sont déjà rentrées dans leurs demeures paisibles : Polymnie, qui s'en étoit le moins écartée, et dont la trompette guerrière n'avoit pas cessé de se faire entendre au milieu du désordre, a déja entonné des chants de triomphe et des hymnes de paix. La douce Erato ne craint plus de rappeller sur sa flûte amoureuse des airs d'allégresse et de volupté. Deux Muses seulement, et ce sont précisément celles dont la France reçoit le plus de gloire, Melpomène et Thalie, restent encore égarées loin du séjour qui leur fut assigné par le Destin. On leur a dit qu'elles étoient libres, tandis qu'elles ne sont que vagabondes. Elles sont libres peut-être d'errer où bon leur semble, mais non de rallier les enfans de leurs choix dans les temples qui devoient leur être consacrés.

O Liberté, divinité bienfaisante, mais trop

peu connue ! toi qui, amie de l'ordre, sais lui sacrifier une partie de tes droits pour conserver et consolider l'autre ; pourquoi ton front, au lieu de cette douce auréole, qui attire sans éblouir, n'est-il pas orné d'une lumière éclatante qui te fasse distinguer de la Licence, de ce monstre qui ne connoît ni frein ni borne ; qui, couvert d'un masque imposteur, égare les mortels, règne sous ton nom, et ne cherche à te ressembler que pour mieux t'asservir toi-même ? Liberté, c'est à toi qu'il fut ordonné de t'emparer des théâtres, de les arracher au joug des privilèges et de cette foule de tyrans qui, sous prétexte d'y maintenir un ordre indispensable, enchaînoient toutes leurs facultés ; mais plus prompte que toi, cette Licence désorganisatrice s'en est saisie. Les privilèges et la contrainte ont disparu, mais l'anarchie et la confusion les ont remplacés. Oui, le Législateur avoit dit à l'Art Dramatique : Sois libre ; mais il lui avoit dit également : Prospère. Il avoit dit à l'Industrie : *tu peux élever des Théâtres, et y faire représenter des ouvrages de tout genre* ; mais il l'avoit soumise en même-tems à des déclarations qui, sans doute, ne devoient pas consister dans de vaines formules ; mais il avoit annoncé des règlemens qui auroient préservé ce bel Art de désordre et de ruine, et qui attendoit encore la voix de l'autorité. S'il n'osa dans le tems confier au despotisme royal, ce moyen si puissant de former, d'éclairer, de diriger l'opinion publique, craindroit-il aujourd'hui de confier à un Gouvernement républicain le soin de rendre ces établissements républicains ? C'est donc au Législateur à revoir, à réformer, à completter ses lois sur les théâtres, et à en confier la garde au Gouvernement, en lui donnant le pouvoir nécessaire pour les faire exécuter.

Qui peut le voir sans effroi ? cette liberté sans limites, imaginée pour la seule prospérité de l'Art, faute de subordination et de règles, le conduit d'un pas rapide vers son prochain anéantissement. En renversant le despotisme qui pèsoit sur les Théâtres, le Législateur a voulu leur accorder le bienfait de la concurrence, si utile aux Auteurs Dramatiques, qu'elle met à l'abri des injustices et des vexations ; si profitable aux Artistes, en leur inspirant cette émulation salutaire, qui tient constamment leurs talens en haleine, et les force de marcher vers la perfection sans s'arrêter jamais ; si avantageuse au Public lui-même, qui jouit des efforts de chaque Théâtre, pour captiver ses suffrages aux dépens de son rival. Mais il n'a point voulu que ces mêmes Artistes dispersés, sans asyle certain, sans subsistance assurée, n'offrissent par-tout que les membres précieux, mais épars, d'un tout parfait, mais désuni. Cet ensemble, qui résulte moins de la perfection individuelle des talens, que de la sagesse avec laquelle ils sont combinés et proportionnés entr'eux, sur-tout de la connoissance réciproque qu'ils ont les uns des autres, et de l'habitude longuement acquise de marcher du même pas; cet exemple, si désirable et si rare, le Législateur n'a pas voulu qu'il pût être rompu en un instant par le plus offrant des spéculateurs, avide et téméraire, qui ne cherche que la ruine de ses concurrens, sans s'embarrasser s'il a lui-même les moyens d'en profiter.

Tel est cependant l'état qui résulte de l'insuffisance des lois Dramatiques; des défauts d'exécution, des vices d'attribution qu'elles renferment. Aucun engagement n'est respecté, aucune propriété n'est sacrée. Accoutumés à ne plier que sous la main du despotisme, et à ne se régir que d'après leurs usages particuliers, les Théâtres échappent à la puissance des Tribunaux, à qui ces usages sont inconnus, et dont la lenteur, ce frein si sage contre les passions, est inconciliable avec les délits de ce genre, dont la répression ne peut admettre aucun délai.

Ou les Artistes exclusivement livrés à l'étude, sont victimes de l'ignorance et de la mauvaise foi des entrepreneurs qui les privent de leur seul moyen d'existence ; ou plus attachés à de honteux intérêts qu'à la gloire de leur Art, ils rompent impunément leurs conventions, et ruinent des entrepreneurs honnêtes qui avoient dû compter sur la réunion entière de leurs efforts. Cette multiplicité désordonnée de Spectacles, en disséminant les talens, trop peu nombreux pour suffire à tous, les privent eux-mêmes de cet appui réciproque dont ils ont besoin pour se développer. Par-tout on voit des talens supérieurs, nulle part on ne trouve un excellent théâtre.

Oh ! puisque le Gouvernement a prouvé que la gloire de la France lui est chère, et puisqu'il a reconnu que les Arts en font la plus noble partie ; qu'il se hâte donc d'arrêter la chûte entière de l'Art Dramatique, qui jamais, jamais ne pourroit s'en relever. Un mois encore.... Citoyens, ce n'est pas ici une de ces exagérations oratoires, faites pour émouvoir des auditeurs distraits. Nous touchons au renouvellement de l'année Théâtrale ; un mois encore, et il ne restera pas en France, dans tous les genres, trois ou quatre associations Dramatiques, vraiment dignes de ce nom. Il vous restera des salles nombreuses, mais solitaires, mais veuves des hommes célèbres qui si long-tems en ont fait l'honneur. Il vous restera quelques habiles Artistes, ceux que l'amour du repos aura empêchés d'aller porter sur des terres étrangères cette perfection de l'Art que nos voisins nous envient, et qu'ils nous raviront peut-être en s'emparant de nos débris.

Mais vous aurez perdu la TRADITION, cette partie idéale de l'Art, si précieuse, si indéfinissable; qui ne consiste pas, comme on a pu le croire, dans la grossière reproduction de quelques caricatures populaires, mais dans la conservation sacrée du véritable esprit de chaque rôle, et de la pensée intime de l'Auteur qui n'est plus, et qui fût transmise par lui-même dans l'ame de l'Acteur; cette tradition qui ne s'acquiert que par une longue expérience, qui ne se conserve que par l'habitude éclairée de l'observation, et qu'on ne retrouve plus que par miracle, quand une fois on l'a laissé échapper. L'esprit de Marivaux, retrouvé par Mlle. Contat, est un de ces miracles.

Que ne puis-je me rappeller ici les expressions ingénieuses qu'employa un jour notre collègue Molé, dissertant sur son Art, dans un compliment de clôture! Voici du moins sa pensée;

» Le Poëte, le Musicien, le Sculpteur, le

» Peintre, l'Architecte, disoit-il, laissent à la
» Postérité des monumens durables. Le Dan-
» seur même a pu noter ses idées par le secours
» de la Chorégraphie : l'Orateur de la Scène ne
» laisse après lui nulle trace de son talent, qui
» ne consiste pas seulement dans les inflexions
» de sa voix, mais dans son silence même, dans
» son maintien, dans ses gestes, dans ses re-
» gards, dans l'expansion de son ame, dans
» l'adrese avec laquelle il a saisi, exprimé,
» embelli même la pensée la plus cachée de
» l'Auteur. Dès qu'il quitte la Scène, il ne
» reste plus de lui qu'un souvenir vague et
» fugitif, bientôt effacé par des réputations
» nouvelles.... «

La tradition n'a pas plus de consistance réelle et n'est pas moins irréparable. Le Gouvernement seul peut prévenir sa perte désastreuse, en se hâtant de se rattacher les Théâtres, dont la surveillance immédiate ne peut appartenir qu'à lui, non-seulement sous les rapports des mœurs, mais encore sous celui de la prospérité. C'est en les encourageant par tous les moyens qui sont en son pouvoir ; c'est en consolidant leur existence ; c'est en régularisant ceux qui méritent d'être conservés ; c'est en repoussant toute entreprise nouvelle, qui n'offriroit pas un gage certain de sa solvabilité, qu'il leur rendra leur destination première, qu'il en fera de véritables écoles de vertus et d'esprit national. Mais il faut que le Corps Législatif l'y autorise, qu'il revise ses lois, en forme un Code complet et uniforme, et y ajoute les institutions dont il a besoin pour opérer leur entière organisation.

Mais j'entends autour de moi les cris de l'intérêt personnel; on invoque la liberté accordée à l'industrie par la Constitution même. Les entreprises de Théâtre, me dit-on, ne sont-elles pas de simples spéculations commerciales, ressemblantes en ce point à toutes les autres? Eh! de quel droit le Gouvernement interviendroit-il dans la formation d'une manufacture nouvelle? Pourroit-il porter ses regards dans l'intérieur de ses opérations financières? Pourroit-il les réduire sans attenter aux propriétés? en fixer le nombre, sans gêner cette même industrie que la Constitution a débarrassée de toute entrave? Et si ces entreprises se ruinent; qu'importe? celles qui auront été mal combinées laisseront la place à d'autres qui le seront mieux. C'est aux capitalistes, aux fournisseurs, aux employés à savoir s'ils placent bien leur confiance. S'ils se sont trompés, tant-pis pour eux; le Gouvernement n'a rien à y voir.

Telles sont les fausses conséquences que l'on

tire de ce faux principe, qu'une entreprise de Théâtre ressemble à tout autre établissement. Le Gouvernement n'a rien à y voir! Quoi! il lui est indifférent que des précepteurs de morale en puissent débiter une corrompue et relâchée! que des Orateurs publics, qui ont le droit si dangereux de parler à une multitude rassemblée, d'émouvoir, de diriger ses esprits exaltés, ayent la faculté de l'entraîner à des mouvemens contraires à la tranquillité publique!

C'est aussi, la Constitution à la main, que je veux répondre. Elle exige que le Gouvernement *surveille les professions qui intéressent les* MOEURS PUBLIQUES, *la santé*, *la* SURETÉ *des Citoyens.*

Hé bien! l'on accorde cette surveillance, mais on ne veut pas qu'elle aille plus loin, qu'elle s'étende jusqu'aux matières d'intérêt. J'entends : on veut des choses inconciliables, pour perpétuer plus aisément l'anarchie. On veut forcer le Gouvernement à être foible ou injuste; à n'oser exercer ses droits, dans la crainte d'envelopper l'innocent dans la punition du coupable; ou à frapper inhumainement sur tous, en laissant à un entrepreneur répréhensible, mais adroit, un prétexte pour violer des engagemens que la force aura dissous!

Laissez faire, me crie-t-on encore, laissez

agir l'industrie particulière, toujours plus clairvoyante que l'autorité. Vous ne demandez qu'une réunion d'Artistes habiles; déja un entrepreneur ami des arts, n'a-t-il pas recueilli les premiers débris d'un Théâtre dispersé ? Les Molé, les Mezerai, les Larochelle, ne sont-ils pas rentrés dans leur premier asyle, auprès d'anciens amis, dont ils ne devoient jamais se séparer ? Thalie n'y a-t-elle pas rassemblé à-peu-près toute sa famille ? Leur réunion si désirée avec d'autres Artistes également distingués, n'est-elle pas au moment de s'effectuer? Une partie des enfans de Melpomène, attachés à ce Théâtre malheureux, n'a-t-elle pas trouvé aussi un autre réfuge ? En y joignant quelques combinaisons nouvelles, n'en résultera-t-il pas cette concurrence que vous demandez ? Que voulez-vous de plus ?

Je veux la certitude que ces réunions, quelles qu'elles soient, seront durables. L'industrie éclairée les ont formées ; qui me garantira que l'industrie ignorante et cupide ne les dissoudra pas, comme elle l'a déjà fait ? La loi seule peut me donner cette assurance. Et ce n'est pas assez que deux bons Théâtres existent ; il faut que leur entreprise soit calculée de manière à ce que leur succès ne puisse être douteux. Ce n'est pas seulement des individus dont il s'agit ici, mais de l'art dramatique en lui-même. Peut-on nier que le Gouvernement n'ait le plus grand intérêt à sa conservation, soit sous le rapport politique, soit sous celui de la gloire de la littérature française ; or son existence dépend de la prospérité des Théâtres qui en sont le foyer sacré. Ceux-ci à leur tour ne peuvent subsister qu'avec une liberté sagement limitée. La liberté anarchique et sans bornes, ne leur annonce que mort et destruction.

Disparoissez donc, petits intérêts particuliers, devant cet intérêt général à qui tout doit céder, et pour qui la Constitution même exige ce sacrifice. Eh ! que vous demande-t-on, Spéculateurs imprudens, dont vous ayez à vous plaindre ? On veut que chaque Commune ne possède de Théâtres que ce qu'elle est en état d'en soutenir avec dignité ; on veut ne conserver un Spectacle qu'autant qu'il sera composé de manière à ne pas rendre son existence problêmatique ; on veut qu'il ne se forme pas d'entreprise nouvelle sans s'être assuré qu'elle sera lucrative ; et ne pas abandonner au hasard la fortune des capitalistes, des acteurs, des employés, la vôtre même. Et ce n'est pas de Paris seul que l'on s'occupe. On veut effacer de la France entière ces écoles de mauvaises mœurs, dont le goût n'est pas plus délicat dans le choix des ouvrages, que dans la manière de les débiter ; ces troupes ambulantes, trop souvent composées des enfans de la débauche et de la corruption, qui, privés d'éducation et de connoissances, ont pris pour l'impulsion du talent le seul amour d'une vie vagabonde et dissolue ; ces associations scandaleuses, qui, n'offrant qu'un tableau dégoûtant de misère et d'opprobre, ne tendent qu'à l'avilissement du plus noble, du plus utile, du plus respectable des arts. On veut enfin que les Artistes, considérés comme professeurs de morale, puissent se bien pénétrer de la grandeur de leur ministère, et soient assurés d'être toujours en état de la soutenir. Voilà ce qu'on attend du Gouvernement : voilà ce qu'il s'empressera de faire, aussi-tôt que le Corps Législatif lui en aura donné la faculté.

Mais peut-être est-ce en vain que j'exhale ici des desirs impuissans ! Ma voix foible et timide parviendra-t-elle jusqu'à la Représentation Nationale ? Qui me prêtera les secours de l'éloquence et de l'art entraînant de la persuasion, pour lui démontrer combien ces mesures sont nécessaires et urgentes, et que le salut de l'art dramatique dépend uniquement de la célérité ? Cet art est l'aliment de l'ame : qui fera entendre aux deux Conseils les accens du besoin ? -- C'est vous, Citoyens, c'est la clameur de l'opinion publique qui peut seule articuler des plaintes et faire connoître les dangers. Plus d'une fois c'est du milieu de cette enceinte qu'est parti le premier cri d'allarmes; plusieurs fois les Législateurs, éveillés à la voix du Lycée des Arts, ont accordé à ses avis une honorable attention. Il s'agit de l'intérêt de toute la France; vous vous empresserez d'exprimer ses vœux à ses Représentans; vous leur direz :

« La fille aînée de la République Française,
» la noble imitatrice de ses formes constitution-
» nelles, LA RÉPUBLIQUE CISALPINE, dé-
» vorée du même amour de la Liberté, a senti
» que ses premiers regards devoient se tourner
» vers les Théâtres; qu'en épurant cette morale
» voluptueuse, efféminée, qui faisoit l'essence
» de leurs drames, débitée par des êtres éner-
» vés et dégradés, il falloit les relever jusqu'à
» la dignité de l'homme, et n'y plus faire
» entendre que des accens énergiques et répu-
» blicains. Elle a chargé son Pouvoir-exécutif
» de leur prompte réorganisation. Représentans
» du Peuple Français, vous avez aussi de grandes
» réformes à faire dans cette belle partie de
» l'instruction publique. Dès les commencemens
» de la révolution, vous vous êtes aussi occu-
» pés des Théâtres; vous les avez soustraits à

» la domination royale ; vous avez fait les pre-
» miers pas pour consacrer le respect dû aux
» propriétés. Mais devenus républicains, il
» vous reste à completter votre ouvrage, à
» réparer les erreurs de votre première inex-
» périence, à rendre à un Gouvernement
» meilleur le droit dont l'ancien s'étoit montré
» indigne, celui de les soumettre à son auto-
» rité. » Vous leur direz : « Représentans,
» vous aimez les arts, vous avez prouvé votre
» prédilection en faveur de l'art dramatique.
» Hé bien ! il est en péril sur le bord de l'abîme,
» tendez-lui une main secourable, empêchez
» qu'il n'y soit précipité. » ---Ils ne seront point
insensibles à vos cris ; et le Théâtre, qui déjà
doit à votre goût la perfection à laquelle il s'est
élevé en France, va vous devoir encore une
existence nouvelle, et reprendre à votre voix
son antique splendeur.

FRAMERY,
Rapporteur.

De l'Imprimerie du LYCÉE DES ARTS, rue Croix-des-Petits-Champs, n°. 69, vis-à-vis celle Coquillère.

www.ingramcontent.com/pod-product-compliance
Ingram Content Group UK Ltd.
Pitfield, Milton Keynes, MK11 3LW, UK
UKHW021151230726
13926UKWH00001B/51

9 782019 258375